청어詩人選 492

자기 삶의 예술가

강대영 시집

청어

자기 삶의 예술가

강대영 시집

시인의 말

세월 속에서
나는 분장사이자 시인으로,
그리고 한 사람으로 살아왔습니다.

거울 대신
창문 앞에 서는 일이 많아진 요즘,
나는 누군가의 그리움이 되고 싶었습니다.

고향의 바다와 어머니의 미소,
얼굴에 새긴 수많은 삶의 흔적들은
모두 나의 시가 되었습니다.

무대 뒤 분장시에서
삶의 가장 순수한 순간들을 만지며 배운 것은
우리 모두가
'자기 삶의 예술가'라는 진실이었습니다.

이 시들이
누군가의 가슴에 작은 빛이 되어
다시 누군가를 사랑하고
자신을 사랑하는 힘이 되기를 소망합니다.

내 삶을 적시며 피어난
이 언어들을 사랑하며
나는 흔들리는 촛불 하나로
오늘도 길을 밝히려 합니다.

차례

4 시인의 말

1부 꽃이 아름다운 이유는

12 점 같은 섬 하나
13 그리운 고향
14 내 고향 고금도
15 참스승
16 생선 한 토막
17 어머니가 계신 곳
18 가족
19 코스모스
20 꿈속의 고향
21 서산마루
22 한 걸음 옆에 한 걸음
23 나의 별
24 그리움으로 맞는 봄
25 장미
26 친구
27 꽃이 아름다운 이유는
28 진달래꽃
29 흙
30 보름달

2부 분장이라는 요람

32 봄의 향연
33 한 송이 아름다움
34 자기 삶의 예술가
36 분장은 허구가 아니다
38 분장이라는 외줄
40 전문가의 생(生)
41 주연보다 빛나는 조연
42 앞서 있는 길
43 분장이라는 요람
44 못다 걸어간 길
46 얼굴은 꽃이자 뿌리
47 시와 새벽
48 초보 시인
49 낙서
50 찰나
51 흘러온 시간
52 진실한 잔을 들자
53 소망
54 넋두리
56 노을빛으로 채운 술잔
57 공허
58 어느 겨울 밤

3부　비와 그리움

62　오늘의 태양을 살자
63　잠 못 드는 밤
64　그리움
65　마스크 세상
66　한 잔만 더
68　비와 그리움
69　소박한 행복론
70　가을엔
71　어느 여름날의 동심
72　달아 달아 둥근 달아
73　반성
74　독백 1
76　인생무상
77　봄은 오고야 만다
78　그대에게
79　잡초
80　주어진 삶
81　바르게 가자
82　그림자
83　인연
84　내 안의 사랑
85　배움
86　감사

4부 촛불 한 자루

- 90 섬
- 91 시곗바늘
- 92 독백 2
- 93 비움
- 94 사는 날까지
- 95 사람들아
- 96 하늘정원
- 98 홀로 지샌 밤
- 99 내가 머문 하루
- 100 돌아오지 않는 사랑
- 101 어느 겨울날의 기억
- 102 혼돈의 봄
- 104 인생 뭐 있나
- 105 촛불 한 자루
- 106 구름 같은 일생
- 107 가을에 묻는다
- 108 코로나 이후
- 109 갈림길
- 110 슬픈 노래
- 111 우물 안 세상
- 112 어떤 침묵
- 114 참사랑
- 115 삶 ─ 바로 여기 이곳
- 116 겨울밤의 미련
- 118 하늘길

1부

꽃이 아름다운 이유는

흉내 내지 않고
자신만의 색깔을 내기 때문
휩쓸리지 않고
피고 지는 때를 알기 때문

점 같은 섬 하나

점 같은 섬 하나
꿈 하나 자란 점

점과 점을 잇듯 꿈과 꿈을 이어
올망졸망 사연 쌓는 고금도

바다가 파도를 연주하면
은빛 추억 속에 잠들고

모래밭에 쌓고 허문 동심
그러나 지금도 선명한 발자국들
눈 감으면 불어오는 바닷바람
어디선가 철썩이는 파도

아직도 동심인 나여
유년이 영근 고향이여

이제는 아득한 주마등
그러나 언제고 푸르른 물보라여

그리운 고향

철없이 뛰놀던 고향에 살고 싶네
앞산 뒷산을 오르락내리락
첨벙대며 내달렸던 모래밭을
지금은 그 누가 어린 나를
되살아내고 있을까

산 너머로 해가 뜨는 풍경 대신
콘크리트 너머로 해가 지는 풍경이
나를 짓누른다

그러나 벽틈의 민들레
나를 보고 노랗게 웃는다

그래, 해마다 피는 봄꽃처럼
나 철없이 뛰놀던 고향 그 작은 점
그러나 내 모든 것이 시작된 점
오늘 이 시도 그 한 점으로부터
한걸음에 달려왔네

내 고향 고금도

도란도란 볏짚으로 엮은 버섯집들
우리들의 희망만큼 부푼 봉암산 봉우리
펄떡이는 꿈을 키워준 넉넉한 마을 앞바다
현실과 꿈이 한 몸이었던 그 시절

해와 달과 별 바람 물
작은 풀벌레까지 함께 노는 동심의 놀이터

눈 내리는 겨울은
한 폭의 그림이 된 고향 풍경

조용히 눈 감으면
어린 시절로 돌아가고

그 포근한 고향땅에서
나는 오늘도 뛰어논다네

참스승

글이 없지만
그 어떤 책보다
많은 의미와 깊은 울림을 주셨던 분

숙제가 없지만
그 어떤 선생보다
참된 삶의 방법과 답을 일러주신 분

어머니
저는 아직도 어린가 봐요
저는 더 배우고 자라야 하나 봐요
보고 싶어요 어머니

생선 한 토막

생선 한 토막도 아껴
자식의 살이 되게 하신 어머니

자식 향한 어머님의 눈빛은
눈꺼풀 없이 바라보는 깊은 바닷빛
부처님 눈빛보다 지긋한 자비심의 빛

눈물 한 방울도 아껴
자식의 꿈을 키워주신 어머니

자식들을 위해 서러운 울음 몰래 삼키신
어머니의 대양처럼 깊은 사랑
이토록 짠 눈물을 삼키며
이제야 알았습니다

어머니가 계신 곳

비 오는 날이면
젖은 내 가슴 속 마음이
투명하게 비칩니다

허름한 내 일기장에
점점이 박힌 외로움의 흔적
오늘 하루도 흘러가버렸습니다

화려한 장식들은 빗물에 씻겨내리고
가슴에 남은 건 오로지
어머님의 온화한 미소

그 미소 등불 삼아
아득히 먼 고향길
어둠을 헤치며 걷고 있습니다

가족

한여름 대낮처럼 집안이 쨍하니
식탁은 새들이 지저귀듯 왁자하네

딸 사위 찾아오고 떠돌이 할미도
외로움에 힘겨웠던 외톨이 할배도
철새가족 둘러앉으니 집안에 생기가 도네

어쩔 수 없는 회귀본능
길 떠난 이방인들 둥지로 모였네
다 함께 모여 부대끼니 가족이 되네

코스모스

룰루랄라 등굣길
하늘하늘 코스모스
구불구불 따라오며
살랑살랑 춤추었지

해맑았던 그 시절
황금들판 따라오네
달빛 환한 동구 밖에
코스모스 처연하네

지금도 가을 오면
어린 나를 기다릴까
꿈결 같은 고향으로
날 부르는 코스모스

꿈속의 고향

바람과 파도와 모래의 고향 노루목
새들은 바다와 육지를 넘나들며
인간의 경계를 비웃는다

해변에는 은빛 햇살 모래에 잠들고
이리저리 신난 방개들의 소꿉놀이

유유자적 구름 한 점
쾌청한 바람 한 줄기
풀 나무 돌 햇살
우리들의 놀이터

눈감으면 지금도
가슴으로 먼저 달려가는
내 고향 고금도

서산마루

버거운 인생사
때로는 비켜서 갈 일도 있다
사실은 대부분 비켜서 가야 한다
살아남기 위해서 올바로 가기 위해서
하지 못한 일과 하지 말아야 할 일로
서글퍼하는 인생사

빛이 달린다 시간이 달린다
빛보다 빠르게 달린다
그건 허상이다
달리는 건 결국 '나'라는 초침인데
인생을 맛본다기엔 우리는 겨우
바닥의 한순간만 핥는다

하루하루 간절함으로
세월을 긁어대지만
지친 발자국만 멍든다

한 걸음 옆에 한 걸음

흠뻑 젖을 일 많은 인생길
모든 길에서 사무치는 것
외로움, 그 혼자라는
절대 감정

그래서 나는
한 걸음 옆에 한 걸음
발자국에라도 짝을 지어주며
느리게 느리게 걷고 있다

나의 별

그 별은 나의 그리움입니다

어릴 적 떠 있던
그 별은 나의 친구였고
어른이 된 지금은 나의 희망입니다
슬플 때나 기쁠 때나 나를 반겨준 별
도시의 밤하늘에서는 자주 볼 수 없습니다
오늘 밤에는 마음의 창을 닦아야겠습니다
맑은 동심과 해맑은 미소로
그 별을 기다려보렵니다

그 별은 항상 그곳에 있으니
나를 비추고 있으니

그리움으로 맞는 봄

그리운 얼굴은
눈 감아도 보이나니
나 외로워 지칠 때면
그대의 향기 한 아름
오래된 그리움 안고
먼 길을 떠나겠노라

장미

매혹하는 빨강과
이를 보호하는 고통
그리고 보이지 않는
한 꺼풀의 아름다움이
한 송이의 정열을 낳는다

친구

행복한 순간은
친구와 함께할 때였다

가장 기쁜 순간은
친구가 즐거워할 때였다

가장 고마울 때는
친구가 나를 이해하고 보듬어 줄 때였다

내가 사랑하는 시간은
친구와 한곳을 바라볼 때였다

현실이 미워질 때는
친구가 점점 변해갈 때였다

가장 슬플 때는
친구가 내 곁을 떠날 때였다

꽃이 아름다운 이유는

흉내 내지 않고
자신만의 색깔을 내기 때문
휩쓸리지 않고
피고 지는 때를 알기 때문

소리 없이 피었다가
소리 없이 향기로운
소리 없이 접었다가
소리 없이 뿌리내린

뙤약볕 비바람 벌레 견디고
짧은 환희의 순간을 수놓고
땅으로 돌아가는 그 뒷모습

진달래꽃

진달래가 봄소식 알리며
산봉우리를 물들이네
이 세상 슬픔 다 태우려나
붉디붉게 화려하네
봄비에 다 젖어도
이 산 저 산 다 태우며
점점 진하게 활활 번져가네

흙

봄 여름 갈 겨울
알록달록 향긋한
이불 덮고 자는 땅

부모님의 땀이 깃든 땅
골목골목 친구들과 뛰놀던 땅
내 웃음과 눈물이 스민 땅
뿌리 깊은 한 줄기 강물로
바다로 흘러가 반짝이는 땅

나도 언젠가는
향긋한 고향의 품에 안기리

보름달

오늘 보름달은
말이 없다
할 말은 많은데
어떻게 전해야 할지
모르기 때문이네

오늘도 저 달은
침묵으로 둥글게 떠 있네

내일이면 서서히
그 말을 잊어
보름달이 아니 되겠네

2부

분장이라는 요람

분장은 또 하나의 창조다
과거를 재현하고
현재를 탐구하고
미래를 상상하며
시공간마저 초월한다

봄의 향연

화사한 봄 햇살
한 아름 안고 걷는다

이 꽃 저 꽃 조잘조잘
꽃들이 간질간길 속삭이니
새들도 기분 좋은 봄날
이리 날고 저리 날며
사랑의 숨바꼭질을 하면
푸릇푸릇 풀밭 위로
살랑살랑 봄바람 춤을 춘다
새도 날고 꽃도 피고
한바탕 벌어진 퍼레이드

향기 가득한 봄꽃 행진
나는 맨 앞에서 걷는다

한 송이 아름다움

네 아름다움은 어디서 오는 걸까
향기 자태 빛깔 그 너머에
무언가 아른거리는 것이 있다

이 한 송이 꽃 뒤에
얼마나 많은 꽃이 피어날까
얼마나 다양한 향기로 가득할까

너의 향기 바람 따라 맴돌 때
나도 따라 이곳저곳 헤매다
나 뿌리내려 향기 피워내니
여기가 봄이네

자기 삶의 예술가

좋은 환경 좋은 사람들
그들과 함께 더 좋은 세상을 위해
나는 분장을 시작했다

드라마 세상을 세상 이야기로
세상 이야기를 드라마 세상으로
세트장으로 무대로 대기실로 분장실로
인간사 희로애락을 작품으로 삶으로
옮겨왔다 우리는 서로의 본분에 충실했고
하나의 씬에서 아름답게 어우러졌다

작가가 시나리오를 사랑하고
감독이 연출을 사랑하고
배우가 배역을 사랑하듯
나는 분장을 사랑했다

우리가 함께하는 곳
그곳이 곧 무대요
삶이라는 현장이요
생의 미학이었으니
우리는 저마다
자기 삶의 예술가였다

분장은 허구가 아니다

일을 사랑했다
밤낮을 가리지 않았다
가족은 마음의 고향이었고
분장은 삶의 고향이었다

달과 별 아래서
빈 철학을 논하며 술잔을 비우고
직업을 더 사랑한 세월

강산이 수없이 변했지만
나는 올곧게 외길을 걸었다
사람이 좋고 일이 좋다
지금도 그렇다 내 직업은 분장사
나를 사랑해준 가족도 분장사다

분장은 허구가 아니다
덧칠이 아니다 꾸밈이 아니다
분장은 인간성의 발현이다
군중의 사회적 가면 위에
인간 본연의 얼굴을 드러내는 일이다
수많은 타인의 얼굴을 어루만지며
인간 본성을 발굴하는 작업이다

분장이라는 외줄

45년 동안 꼬아온
분장이라는 외줄
나와 함께한 이들의
피땀이 서려있다

우리는 무대가 크든 작든
산 너머든 강 건너든
분장통 하나 둘러메고
굿판에서 웃고 울었다

타인의 희비애환
말과 몸짓만으로는 부족한
그 인생의 드라마를
얼굴에 아로새겨주었다

이제 외줄 끝이 보인다
뒤돌아보면 줄의 마디마디
형형색색 얼굴이 피고 진다

이제 나는 아무리 넘어져도
외줄에서 떨어지지 않는다
내가 곧 외줄이 되었으니까
나는 그저 가볍게 튕겨 올라
분장통을 열고 흐트러진 얼굴을
다시 매만져줄 뿐이다

전문가의 생(生)

끝없이 찾고 헤맸다
그럴수록 가까워지는 진리
절대 진리는 없다는 것
그러나 추구할 만하다는 것

분장 45년 동안 몰입한 삶
그 틀 안에서
나에게 채찍질하며
마음 다잡고 살았다

사람은 끼로 살고
존재로 버틴다 했던가
어제 뜬 별과 오늘 뜬 별이
내일에도 뜰 거라는 기대 없이
나는 오늘의 별을 어루만져주겠다

주연보다 빛나는 조연

잡풀들이 모여 군락을 이루고
하나씩 얼굴 드니 꽃밭이구나

푸른 하늘 뭉게뭉게
무슨 할 말 그리 많은지
흰 말풍선 들판에 그득하다

밤이면 저마다의 빛으로
하늘의 무대를 밝히겠지

이 세상 어딘가에서
각자의 이름과 개성으로
함께 더불어 살아간다는 것은
참으로 아름다운 사실

나는 무대 뒤에서
주연보다 더 빛나는 조연을 찾아
자기 삶의 주연으로
피어나게 한다

앞서 있는 길

나의 아픔을 없애려 하지 말자
지난 삶을 지우려 말자
오늘의 뿌리니까
나의 역사니까

아픈 추억도
행복한 시절도
언제나 함께한 동행이었다
차라리 기억하고 그리워하자

이 길 끝에서 뭉클하게 빛나는
서러워도 나를 사랑하는
내가 서 있다

나의 길이 저만치 앞서 있다

분장이라는 요람

분장은 또 하나의 창조다
과거를 재현하고
현재를 탐구하고
미래를 상상하며
시공간마저 초월한다

한 사람의 삶과 생을 반추하고
웃음과 눈물을 길어올리는
해학의 요람이다

못다 걸어간 길

세상사 괴로울 때
만나서 행복했던 사람들
지금은 알아보기도 힘든 얼굴들

아침마다 새로이 떠오르는 태양도
거짓된 하루를 끝까지 태워야
내가 산다는 걸 알고 있다

질긴 인연의 끈을 쥐었던
그 상처투성이 손은
드러나지 않는 한 조각
인격이 되었다

사랑도 미움도
추억 속에선 모두
가슴 시린 그리움…
한 잔 술로 목 축이니
부끄러운 미련들이 소매를 잡는다

나, 이제 돌아가련다
시린 세월 가난한 눈물샘
적시며 남긴 미움과 원망은
이제야 내게 걸어 들어온
철 지난 그리움일 뿐

인생길 얽히고설킨 세월
지나온 인생길이 잠깐이었네
나를 속이고 감췄던 순간들
내가 나에게 무심했던 세월들

청춘도 길 떠나고
사랑도 길 떠나고
우리는 서로의 꿈으로 남아
못다 걸어간 길이 되었다

너는 거기서
나는 여기서
한낱 방랑자였네

얼굴은 꽃이자 뿌리

얼굴은 캔버스
희로애락을 담는다

얼굴은 물감
기분 따라 번진다

얼굴은 심상
수만 가지 다 비춰낸다

얼굴은 마술사
숨기고 펼치는 표현의 대가다

얼굴은 꽃이자 뿌리
향기로운 영혼이 피어나고 지는 곳
그리고 살아있으면 언제고
다른 얼굴로 다시 태어난다

시와 새벽

시를 쓴다
별도 조는 새벽녘
누가 읽을지 모를 시를 쓴다
땅끝 하늘끝 미지의 섬에
내 마음을 실어 보낸다

내가 쓴 시가 메아리로 돌아올 때쯤
나는 어디에 있을까
아무렴, 사는 날까지
마음의 펜은 멈추지 않겠지

꽃이 피고 지고 낙엽이 물들듯
우리 인생 오고 가는 그 삶
삶이라는 물줄기 그 위에서
낙엽을 타고 흘러가듯
시를 쓴다

초보 시인

손끝까지 타들어가는
꽁초를 부여잡고
가슴에 불을 댕기고
빈 술잔에 덩그러니 나를 담았다
밤을 갉아먹은 혼돈 속에 조각조각
언어를 썼다 지우며 밤새워 씨름했다
언제나 미완성뿐인 초조와 불안이
가슴 바닥을 메우니 답답하다 그러나
들여다볼수록 깊어지는
시원(詩原)

낙서

새벽마다 있는 말 없는 말 다 꺼내 놓고
고르고 골라도 쓸 만한 글 없어
눈꺼풀만 천근만근 일어나보니
알몸을 그려 놨네

글을 쓴다는 것은 나를 벗기는 일
누군가에게 나의 알몸을 보여주는 일
아직 준비도 없이 끄적이는 낙서에
습작하는 철없는 글쟁이

오늘의 풋풋한 낙서가
누군가의 마음 한구석
봄비처럼 적시길

찰나

오늘 하루도
순간처럼 스쳐간다

너는 나를 모르고
나도 너를 모르니
모두 다 그냥 지나가는 순간이었네

스치는 단 한 순간도
나의 것이 아니고
너의 것도 아니네
연기(煙氣)가 걷히면 사라지는 무상함이
연기(演技)가 끝나면 돌아오는 맨얼굴이
우리 본 모습이라네

우주는 찰나라네
그 억겁의 찰나에서도
우리는 서로를 알아보니
그것이 기적이라네

흘러온 시간

산그늘 서서히
바다에 들어간다
산과 해와 물이 한 몸이 되면
내 마음도 안식에 든다

달빛 별빛 모아
마음길 불 밝혀 보지만
세월의 여울물 건너기가
왜 이리 힘들까

긴 어둠이 꿈틀거릴 때마다
내 가슴속에 똬리 튼
뱀이 소리를 낸다

삭히고 삭힌 삶
하늘끝일까 땅끝일까
어둠의 시간을
가슴에 담아 걷노라니
뒤돌아본 세월이
긴 꼬리처럼 아득하여라

진실한 잔을 들자

소설에선
얽힌 서사 잘도 풀어지고
영화에선
헤어지는 장면도 자연스럽다
그림에선
온갖 색과 형상이 어우러진다

좋은 생각은
가슴이 먼저 문을 열고
못된 마음은
고통이 머릿속에 오래 머문다
순간의 만남 순간의 선택 순간의 느낌은
그대로 순간일 뿐

우리는 오래 숙성된 농주처럼
진실한 잔을 들자
진실, 그 한 잔을 들자

소망

나뭇잎 물들어 고향 가는 날
그 옛날 가을은 떠나고 없었다

오가는 세월을 다 품을 수 없으니
슬프다 그러나 아름답다
우리의 영혼은 하늘로
우리의 몸은 땅으로 갈라설 테지만

그러기에 스쳐 지나가는 한순간
한순간도 후회 말고 열심히 살자
그리고 잊지 말자
삶의 끝은 죽음이 아니라 기억이다
나의 기억과 나를 아는 이들의 기억
그 속에서 나는 어떤 사람일까

우리의 삶에 대한 기억이
사랑으로 물들면 좋겠다

넋두리

그리움 한 잔
술잔에 고이면
아무도 함께 걷지 않는
외로운 추억 속으로
나는 흐른다

인생길에 만난 인연들
저 창문에 맺힌 빗방울처럼
가슴속 알알이 박힌 얼굴들이 글썽인다

무작정 달려오느라
나의 인연들에게 빗금 긋는 줄
미처 깨닫지 못했다

앞으로 남아 있는 시간에
흔들리는 모든 것을
사랑할 수 있을까

끊이지 않는 넋두리
지울 수 없이 더욱 또렷한
빗줄기

노을빛으로 채운 술잔

지나간 시간이 아름다운 이유는
연륜이 열매를 맺었기 때문이다

경계를 허물며 걸어왔던 발자국
이제는 보금자리를 세우는 손길

비워야 채워지는
존재의 이유를 알았고
허기진 욕심을 인내하며
더불어 나누며 살아왔다

노을빛으로 채운 술잔은
나를 찾아가는 나의 시간이다

공허

때론 모든 생각이 멈추고
허공만 바라볼 때가 있다

나는 몸부린친다
나에게서 벗어나려고

부질없는 생각에 갇혀
허상을 만들어낸다

뜻 모를 말은 깊은 수렁
보이지 않는 무엇을 찾아 헤매다
결국 보이지 않는 무엇을 쓴다

어느 겨울 밤

노을빛 물들어가면
삶에 지친 가슴도 사그러들고

찬바람이 가슴을 헤집고 들어와
미미하게 남은 온기마저 데려간다

어둑어둑 어둠 따라
희미한 그리움이 뚜벅뚜벅 걸어 나오고

모진 세월이 세찬 바람을 데려와
앙상한 가슴에 머무르니

달과 별이 허접한
빈 그림자를 달랜다

외로운 술잔은
달빛에 한 잔
별빛에 한 잔
가슴을 채워가고

밤새
가슴에 머물다 가는
어느 겨울 밤

3부

비와 그리움

비 오는 날이면
우울한 마음 달래주려
지금 어디쯤엔가 비를 뚫고
아련한 그리움 하나 걸어오고 있습니다

오늘의 태양을 살자

살아감을 고민하지 말자
순간순간이 인생의 페이지다
웃는 순간도 화난 순간도
다 지나가리라 다 아로새겨지리라
그러니 오늘의 태양을 살자

긴 겨울의 고통을 이겨낸 나무라야
봄바람에 꽃을 피우고
여름의 뜨거운 태양의 입맞춤을 맛보아야
가을 열매를 튼실하게 맺듯이
오늘은 오늘의 태양 앞에
부끄럽지 않게 살아가자

잠 못 드는 밤

발버둥 치며 달려온 나날이
발에 차이는 낙엽처럼 쓸쓸하다

세상은 그대로인데
만남에 웃고 헤어짐에 운다
언젠가는 다 놓고 떠나갈 삶인데
갈피 없는 생각에 잠 못 드는 밤

삶이란 살아갈수록
겹겹이 쌓인 수수께끼
알수록 알아갈수록
층층이 비어가는 인식

베개를 낙엽으로 채웠을까
누군가 내 꿈에 방문할까
바스락 소리에 뒤척이며
잠에서 깬다

그리움

삶에 지치면
봄이 그리워지고

사랑에 목마르면
봄꽃이 그리워진다

이별이 찾아오면
절망의 언덕에 서고

그리움이 사무치면
흩날리는 잎새가 된다

사랑과 미움은
밀물이며 썰물

오늘 나의 해변엔
곧 지워질 이름들만
반짝이는구나

마스크 세상

흐린 하늘을 배경으로
내 마음도 흐리게 번진다
강물도 빗물이 서러워
소리 내어 흐른다

코로나19가 창궐하고
마스크가 세상을 가렸다
익숙하다 마스크 전에는
가면으로 자신을 가린 사람들

세상이 비린내로 나를 적시니
나는 술로 온몸을 소독했다
더없이 그리운 맑은 세상

지금은 그냥 질퍽한
술 한 잔이 백신인가

한 잔만 더

한 잔만 더
한 잔만 더
빈 술잔만 짠하다
빈 술병은 쌓여가건만
신세가 비슷하니
눈치만 살핀다

간간이 서로의
얼굴만 살피니
빈 잔도 주인도
초라하고 서글프다

나 여기 있으나
있는 게 아니다
한 잔만 더
한 잔만 더
넋두리만 부어놓는다

타들어 가는 담배
희뿌연 연기만
주위를 맴돌고

빈 술잔 앞에
눈물인지 콧물인지
질펀한 물기가 흐르고 있다

한 잔만 더
한 잔만 더

비와 그리움

비 오는 날이면
마주 보고 걷고 싶은 사람

비 오는 거리 함께 걸으며
투명한 추억 한 방울에
취하고 싶은 사람

비 오는 날이면
나를 찾아 빗속을 걸어오는 사람

비 오는 날이면
우울한 마음 달래주려
지금 어디쯤엔가 비를 뚫고
아련한 그리움 하나 걸어오고 있습니다

소박한 행복론

아침햇살에 깨어나고
저녁노을에 기대어 쉬니
힘들어도 그저
공들인 행복이다

이리 치이고 저리 치인
고된 삶일지라도
내가 사는 삶이다

내게 욕심이 있다면
좋은 사람들과 웃음과 사랑
가득 채운 술잔으로 건배했으면 좋겠다
술잔이 행복으로 가득 찼으면 좋겠다

가을엔

가을 햇살
가을 바람
가을 단풍
갈 외로움
다 좋다

벌거벗은 나무
계절의 흔적
다 좋다

술잔에 고독을 담으면
더 좋다

어느 여름날의 동심

뜨거운 열기에
바람도 구름도
산허리에 머물며
잠시 쉬어갑니다

산 그림자 친구 되어
하품도 하고 기지개도 켭니다
풀벌레 소리 자장가 삼아
뭉게구름 펴놓고
한잠 잡니다

그리운 얼굴들 떠다니면
그 속에 어울려
쉬어갑니다

어제도 그랬듯이
추억 한 자락 펼쳐놓고
두둥실 하늘을 납니다

달아 달아 둥근 달아

너도 반쪽이 됐구나
사랑도 세월이 가면
반쪽이 된다

내가 나를
너무 힘들게 했나 보다
나로 인해 내가
나에게 슬픔을 주었다

내가 쳐다보는 너도 반쪽
네가 보는 나도 반쪽

달아 달아 둥근 달아
너와 멀리 있으니
차라리 나를 깎아
다시 둥글어질까

반성

너와 비교하고
나를 과시하며
우월한 척, 삶을 즐기면 되는 줄 알았습니다
그러나 오만과 아집이었습니다

너를 생각하며 나를 돌아보고
나를 비우면서 이해하고 사랑해야 한다는 것을
이제야 알게 되었습니다

인생이란
자신을 비우고 내면을 채워가는
머나먼 수행의 여정입니다

이제야 알 것 같습니다
인생의 시간이 말해줬습니다
나답게 살아야 한다고 말해줬습니다

독백 1

가슴에 별빛 달고
길 떠나는 방랑자

어느 날
우연이라도 그대를 만난다면
못 전한 진심을 전하고 싶다

우연한 만남도
아름다운 사랑일 때가 있다
빛 좋은 술이 가슴에서 삭으면
농익은 향기가 난다

무심히 바라본 어두운 밤하늘도
사랑으로 쳐다보면 진실의 빛을 낸다

바람이 나긋하면
구름도 쉬어가고
새와 나무도 서로에게 말을 건넨다
진솔한 문을 열고 나를 만나면
어루만져 줄 또 다른 내가 있다

광대는 탈을 썼을 때
비로소 인생이란 춤을 춘다
밤하늘 아래 홀로 중얼거리는
내 모습 보인다

인생무상

자신을 보여주려고
진실을 외면할수록
가슴은 텅 빈다

부와 직위에 집착하지 말자
그 무게는 오로지
세월이 감당할 뿐

내 삶이 하루 더 늘어난들
영원한 가슴속에 빗방울 하나
초라한 아픔이 저며든다
추적추적 내리는 겨울비가
봄을 재촉한다

지나간 삶의 추억과
다가오는 삶의 무게

삶의 아픔을 잠재우고
내 가슴에 흐르는 기억은
내 존재를 찾아가는 시간

봄은 오고야 만다

추위가 아무리 매서워도
봄은 오고야 만다

과거는 덧없고
현실은 이룬 것 없으니
꿈같은 세상은 전설 속에 있다

세상은 어지럽고
거짓과 술수는
우리 곁을 서성인다

저 변함없는 자연을 보라
아침이면 또다시 떠오르는 태양
때가 되면 이름 모를 생명들도
대지를 뚫고 기지개를 편다

세월이 무상해도
바다는 춤을 추고
시간은 흐를 것이니
누구에게나 따뜻한 봄은 오리라

그대에게

슬퍼하지 마라
언젠가는 너도
즐거울 때가 있을 거다

외로워하지 마라
다른 사람들도
외로울 때가 있다

가슴의 상처엔
세월이 약이다

바람은 차고
달은 기울지라도

그대는
그대의 길을 가라

잡초

서너 평도 안 되는 옥상 정원
봄이 오면 솟아나는 잡초들
수도 많고 종류도 다양하다

잠시만 방심하면 터를 잡고
고개 쳐들고 주인행세 한다
캐내고 뽑아내도 되살아나는
오기와 집념 그리고 강인함
잡초에게서도 배울점이 있다

잡초를 이겨낼 만큼 강하다면
문제가 없겠지만 나태해지면
마음에도 잡초가 자라겠지
마음이 묻혀 보이질 않겠지

주어진 삶

매일 주어진 삶이지만
흔들리는 촛불처럼
비틀거리며 살아가네

태우고 지워도
돌아서면 그 자리
꺼져가는 촛불처럼
쇠진한 듯 무심히 걷는 인생길

아직 채우지 못한 욕심은
이제 가슴속에 삭히고

아직 남은 길은
가슴 비우면서 걸어가리

바람처럼 구름처럼
그렇게 살아가리

바르게 가자

세월이 쌓이고
연륜이 더 하니
군더더기만 낀다

듣고 보지 못한
어두운 세상에는
그저 언어의 술수만 넘친다

한 치 앞도 모르면서 내달린 삶
살아보니 어느 것 하나
진정 내 것은 없는데
허황된 욕망만 춤을 춘다

오늘도 굳건히 살자
진실의 길을 걷자
가식은 털어버리고 바르게 가자
주먹 쥐며 다짐한다

그림자

영원한 친구
그림자

달밤에도 동행하는
너는 누구냐

한낮에도 함께하는
나의 분신

나를 뒤돌아보게 하는
인생의 스승

죽는 날까지 함께하는
영원한 친구이자
살아있음의 증거

인연

만남과 헤어짐은
필연

만나야 할 사람이 있고
만나지 말아야 할 사람이 있다
가슴에 담아야 할 사람이 있고
스쳐 지나가야 할 사람이 있다

함께해야 할 사람이 있고
헤어져야 할 운명도 있다

인연에 물들고
인연에 바래지는
미로 속의 인생

내 안의 사랑

하루를 나에게 선물해준
그대는 나의 행복

햇살 한 줌
구름 한 점
바람 한 점

세상은 아름답고
따뜻한 그림

나는 온통
그대만을 사랑하는
이 세상 한 사람

배움

삶은 살아갈수록 경이롭고
세월은 흐를수록 신비로 쌓여가네
크고 작은 모든 것은
결과로 말을 하니
세상사 모든 일
배움으로
답을 주네

감사

어제는
실수한 삶에
반성의 시간이
있기에 감사하고

오늘은
보람찬 하루
현실의 삶에
감사하고

내일은
꿈과 희망을
가질 수 있기에
감사하고

삶은
언제나 배우면서
새로운 깨우침을 주기에
감사하며 삽니다

삶은
감사함입니다

4부

촛불 한 자루

삶도 죽음도
가야 할 길이지만
아주 어두워지기 전까지
진솔한 촛불 한 자루
길 위에 밝혀야겠네

섬

바다에 서 있는
섬에게 외롭냐고 묻지 마라

사나운 바람과
험난한 파도에
낡고 헤진 추억을 안고
세월을 견디며 살아왔다

해무에 감추어진
섬에게 누구를
기다리느냐고 묻지 마라

세상에 태어나
세찬 바람을 피하지 않고
파도를 품고 새들과
친구하며 외로워도 참아냈다

섬은 혼자이기에
외로운 게 아닌
누군가를 사랑하기에 외롭다

시곗바늘

청춘 열정 실수 후회…
째깍째깍 시곗바늘 돌고 돌아
같은 시간 같은 장소이건만
다른 시간 다른 곳을
나는 추억하네

독백 2

뒤돌아보며
쓴웃음 지어본다

걸어온 만큼 아픈 추억도
행복했던 순간도 모두 다
빛바랜 흑백사진

저마다 가슴 아픈 추억을
어둠 속에 묻으려 한다
이젠 저만치 묻어두고
담담히 살자 담담하게
걸어가자

비움

그릇은 만들어졌다
비어있는 채로
진실을 담기 위해

구차한 변명 허술한 외침
들어올 자리 없이 진실하게
맑고 깨끗한 그릇이 될 순 없을까

과욕을 버리고 기회를 기다리는
준비된 그릇 우리 모두 누군가에게
그런 좋은 그릇인 적이 있었던가

그릇된 세상 한가운데
빈 그릇 하나 놓여 있다

사는 날까지

때론 삶이 고단해도
산다는 것은 두근거리는 일

사람을 만나고
좋아하는 일을 하고
아름다운 사랑을 하자

아직 가슴이 뛰니
인생 설레게 살아보자
다짐만으로 가슴 벅찬 하루를

사람들아

어디엔들
슬픔 없는 삶 있으리오

세상사 하늘땅은
모두에게 있겠지만
꿈이 가난한 사람들은
하늘도 아파한다네

고단한 영혼 눕힐 곳 찾아
이곳저곳 헤매지만
거기가 여기고 여기가 거긴 것은
어쩔 수 없는 현실이라네

현실에 주눅 들지 말고
할 수 있는 것을 하며
꿈을 잊지 말고 잘 보듬어주게
때가 오면 인내한 슬픔들 먹고 자라
뿌리 내리고 꽃 피울테니

하늘정원

제 몸 다 털어낸 대추나무
발가벗고 뛰어든다
스멀스멀 햇살 물드는
겨울 속으로

벌들도 나비도
거미도 개미들도
제 갈 길 다 가고
긴 하품을 몰고 온
달빛과 주인장만
길고 긴 밤 허무와
고독을 나누고 있다

서늘한 바람에 실려서
붉은 정이 물든 낙엽도
제 몸 덮으려 내려앉았다

제 삶의 빛깔에 취해 살던
하늘정원 식구들도
나의 삶 주제가 되어
별빛 따라 겨울 속에 잠든다

세월의 때가 눌러앉은
하늘정원 주인장도
희끗한 머리마다 잔설 품고
숨을 고르고 있다

홀로 지샌 밤

철없는 치기로 쏘다니며
허무한 바쁨 속에 살았어도
뚜렷이 한 일은 없었네
누구보다 더 열심히 살았는데도
오롯이 남을 위하여
내놓을 것이 없구나

지나간 날들이여
다가올 날들이여
두려운 날들이여
기억나는 얼굴들마다
슬픔으로 아롱졌는데

그대는 어디에 있는가
목마른 가슴을 부여잡고
나는 나를 감추니
너 그리고 나
어디에도 없구나

내가 머문 하루

길목마다 앉아 있는 어둠
세월을 데리고 오고 있다
어둠이 한 번씩 꿈틀거리면
바람도 세월의 길을 낸다

깜박이는 별빛 부여잡고
머나먼 길 어둠에 젖어
세월의 강을 건너가리라

누구나 한번은
그 하루를 가슴에
가득 채운 세월이 있었겠지
아득한 인생길 비추는 그 별빛
내 펜촉에서 까맣게 타고 있다

돌아오지 않는 사랑

미소 머금은 그대 얼굴
한없는 그리움으로 밀어닥칩니다
속눈썹이 길고 눈 맑은 사슴처럼
옅은 화장 속 은은히 빛나는 순수

서로 다정한 이야기는 못 했지만
수줍게 속삭이는 말에는 소박하지만
오롯한 진실이 담겨있었지요

님을 떠나보낸 후
이별이라는 숲을 헤매었답니다
발자국 하나 없는 겨울 숲길
밤하늘에 총총 그대 향한 그리움
별들만 헤아리다 갑니다

어느 겨울날의 기억

만남을 인연이라 여기고 살아왔듯
슬프지만 슬프지 않은 것처럼
낙엽이 흩날리고 눈보라 들이쳐도
마치 운명인 듯 살아온 나날들

내 슬픈 시선이 드러나는 겨울은
내 못난 사랑을 탓하고 있습니다
다 떨치지 못한 기억 하나가 아직도
내 창문에 매달려 지울 수 없는
하늘 한 구석을 장식하고 있네요

눈물뿐인 겨울을 보낼지라도
나는 행복한 사람입니다
떠나가는 사람의 뒷모습까지
사랑할 수 있었으니

혼돈의 봄

봄이 왔건만
인간들이 토해내는 독설에
봄기운이 사라져간다

꽃은 피었는데
봄꽃이 아니라고 우겨대니 슬프다
봄바람에 흔들리는 나뭇잎을 보며
인위적으로 흔든 혼돈이다 매도하니
집단의 무지와 오만으로
변해가는 세상

나는 누구인가
너는 또 누구인가
물은 거꾸로 흐르고
물고기는 산을 오르고
나무는 선 채로 메말라 죽는다
그렇게 모두가 죽어가는 줄도 모른다

하늘에는 오염된 공기와 구름
땅에는 오염된 흙과 스모그

그래도 또 봄은 오겠지만
진정 화사한 그 봄은 언제 오려나

인생 뭐 있나

서로가 무슨 원수처럼 삿대질인가

돈 몇 푼에 얼굴 붉히고
알량한 자존심에 핏대 세운다

딴죽 걸고 깐죽대고
저 잘났다 으스댄다

너도나도 깔보지만
다 거기서 거기

서로가 양보하고 이해하는
마음의 동행길이 인생길

우리 서로 허기진 욕심 버리고
춤추는 영혼으로 아름답게 살자
살면서 그 아름다움 말고
추구할 게 더 있나
인생 뭐 있나

촛불 한 자루

좋은 친구는
하루가 너무 짧고
좋은 사랑은
평생이 짧다네
진실은 오래가고
가식은 표가 난다네

해와 달은 무보수로
낮과 밤을 밝히는데
나는 무엇을 밝히려
세상에 태어났나

삶도 죽음도
가야 할 길이지만
아주 어두워지기 전까지
진솔한 촛불 한 자루
길 위에 밝혀야겠네

구름 같은 일생

화려했던 꿈
정다웠던 사람들
함께했던 무대는
지금 어디 있나

언제 어디에 머무를지 모르는
여름날 구름 같은 일생이었으니
폭풍처럼 정열을 쏟아부어도
지고 갈 삶은 아직도 버거운데

언젠가는 혼자서
모두 다 두고 가야 할 길
생각하면 무겁고 쓸쓸하다
그러나 내 뒤에 자라날 초록과
길과 그 길을 걸어올 사람들 생각하며
마음 다잡는다

가을에 묻는다

낙엽은 왜 물들고
사람의 마음까지
물들게 하는지

오늘은 문득 더
높고 푸른 하늘
노랗고 붉은 나무들

나는 무슨 빛깔로
곱게 물들어 갈까
가을은 추억인가
묻어버린 아픔을
어루만지는 계절인가

그리움에 물든 낙엽 흩날리고
내 마음도 사색의 길로 떠나네

코로나 이후

보이지도 않고
냄새도 없는 것에 포위됐다

하루가 이틀 되고
한 달이 두 달 되고
일 년이 되고 이 년이 지난다

자고 나면 온통 마스크 세상
신출귀몰 이곳저곳
세상을 떠돈다

날이 가도 달이 가도
코로나 전쟁
폭풍도 소낙비도
현재까진 소용없는 백신

이제는 코로나와 함께 간다
없앨 수 없으면 적응한다

갈림길

나와 인연 맺은 사람들
스치고 지난 세월

엇갈린 운명의 기로에서
몸 안에 가득한 슬픔과 함께
떠나보내야 할 때가 되었습니다

바른길 가려
살아온 지난날들
때론 흔들렸고
꿈을 꾼 것처럼
펼쳐졌던 삶이었습니다

인연이란
떠날 사람은 떠나고
머물 사람은 머무는 법
누구도 탓하지 않고
순리에 따르기로 하였습니다

슬픈 노래

황혼이 잿빛이면
아름답지 않다
몸보다 마음이 늙은 것은
슬픈 일

날개는 낡았고
총기는 바래졌다
보라, 여름이 채 오기 전에
봄꽃은 홀연히 사라졌다

갈 길이 먼 나그네 앞에
구름은 어둡고 바람은 드세다
나를 부르는 슬픈 노래
꿈결보다 멀리서 들린다

우물 안 세상

잊자 잊자
물에 잠긴
그 섬을 잊자

떠도는 혼들이
아우성치는 현실

다들
섬에 갇힌
초라한 존재들이었구나

잊자
그 섬을 잊자

어떤 침묵

내 삶을 태우면
무슨 냄새가 날까

오늘의 노을도
삶에 지쳤을까
그림자가 늘어진다

꿈이 떨어진 한 구석
노랗게 매달려 붉게 익어가는
내 삶의 쓸쓸한 마침표

밀려오는 침묵에 쫓겨
그림자가 안내하는 길은
홀로 걷기에 더 외롭다

이제 가슴이 아프면
더 아픈 무언가로 덮어야 살 수 있다

하지만 오늘 아침
고개 들어 바라본 푸른 하늘을
비 온 뒤 솟아나는 새싹처럼
빙긋 웃으며 가만히
바라보았다

참사랑

나무를 심는 일도 사랑이지만
나무를 자르는 일도 사랑입니다

병들고 모난 나뭇가지를 솎아내며
알찬 열매를 맺기 위함입니다

삶 — 바로 여기 이곳

삶 — 내 가슴의 작은 창으로
행복과 슬픔이 들락거리면
봄 여름 가을 겨울 계절이 오간다

삶 — 살아가는 길은
행복의 길인가 속죄의 길인가
그것은 운명이 아니라 선택의 연속이다

삶 — 눈치만 살펴야 했던 세상
아픔이 흘린 눈물만 보인다
그 눈물 받아마시고 새순이 핀다

삶 — 선과 악으로 휘둘린다
오늘 내 가슴은 그만큼 허기진다
삶의 의미는 무엇을 먹고 자랄까

삶 — 바로 여기 이곳
고여오는 어둠을 퍼내고
먼 추억의 하늘 아래
철없이 떠도는 이방인

겨울밤의 미련

기다리는 사람도 없는데
외롭게 흘러만 가는 시간
실없이 피워올린 연기
가슴이 설움으로 타들어가서
숨 쉴 때마다 연기가 나오는
이 겨울밤

덧없이 흘러간 아침
슬금슬금 눈치만 보던 오후
한 치 앞도 예측할 수 없는 인생길
어둡고 찬 바람만 빈 가슴에 들락거린다

밤이 참 길다
저 달이 지기 전에
끝도 없는 먼 길을
주름진 눈에 고이는 슬픈 고뇌를
누가 알까

저 별이 가물가물 살아질 때
술잔마다 헤픈 웃음 뿌리고
낯선 세상
낯선 사람
익숙한 고독
이제는 눈물로
하나하나 지워가야지

하늘길

눈이 내리는 밤
모든 길 지워졌는데
길을 찾아 헤매다니요

흘러간 시간들
눈 깜짝할 찰나 같은데
고난과 환희 그리고 고독의 길 따라
얼룩진 세상을 돌고 돌았습니다
한낮 햇살도 견뎌내지 못하고
그저 망망한 어둠 속에서
무엇을 등불 삼아
길을 가시나요

천상에서 내려온 해맑은 눈
송이 송이 소리 소리
아직도 하늘 아래
메아리쳐 울립니다

목에 걸린 슬픈 눈물일랑
베개에 묻으시지요 그리고
봄 햇살이 비추는
새 희망의 꽃으로
하늘길 무지개 속으로
피어오르소서

자기 삶의 예술가

강대영 지음

발행처	도서출판 청어
발행인	이영철
영업	이동호
홍보	천성래
기획	육재섭
편집	이설빈
디자인	이수빈 ǀ 구유림
제작이사	공병한
인쇄	두리터

등록   1999년 5월 3일
       (제321-32100002510001999000063호)

1판 1쇄 발행   2025년 7월 10일

주소   서울특별시 서초구 남부순환로 364길 8-15 동일빌딩 2층
대표전화 02-586-0477
팩시밀리 0303-0942-0478
홈페이지 www.chungeobook.com
E-mail ppi20@hanmail.net

ISBN   979-11-6855-348-4(03810)

본 시집의 구성 및 맞춤법, 띄어쓰기는 작가의 의도에 따릅니다.
이 책의 저작권은 저자와 도서출판 청어에 있습니다.
무단 전재 및 복제를 금합니다.